혼자 가는 긴 강만으로는

혼자 가는 긴 강만으로는

권도중 시집

문학의전당

自序

1971년~1974년 『현대시학』 3회 추천으로 등단한 후 『네 이름으로 흘러가는 강』과 같은 시기의 시詩 중에서 『네 이름으로 흘러가는 강』에 넣지 않은 작품과 최근의 몇 편을 더하여 『혼자 가는 긴 강만으로는』의 이름으로 묶었습니다. 『네 이름으로 흘러가는 강』 『 혼자 가는 긴 강만으로는』.

이렇게 삼십 년 넘은 강江 정리합니다. 닿아 휴식하고 싶습니다.

시작詩作을 다시 하려 마음먹었습니다. 새로운 모습이고 싶습니다.

시詩를 떠나 삼십여 년을 정직하게 부딪치며 열심히 삶을 살았습니다.

삶이란 살이 되는 모든 것. 시를 쓰지 않고 현실에서 이루고 싶은 게 있었지요…

다시 시를 쓰면서 가벼워져야 하는데 무거워져, 지극하면 가벼워질까요.

날개 되어 가는 것들 후 가벼워질까요.

이 시집을 묶는 것은 이 시詩들과 거리를 두는 이별을 하고픈 때문입니다.

이별은 다른 결심을 갖게 하잖아요. 결심의 날을 세울 수도 있을 터이니까요.

이별을 준비할 수 있을까요.

차례

1부

2부

3부

4부

1부

춤

우리는 꿈속에 산다
꿈꾸는 우리는 꿈 밖에 산다
우리는 바람 위에 살고 바람 속에 살고
또 다른 나는 바람 밖에 살고
우리는 이리 살고
선율 밖에서 이탈한 선율로 살고
돌아가는 세상 돌지 못하여
못 삭이는 아픔
강물 같은 슬픔 두고도 깃발로 울고
춤추는 꿈, 꿈꾸는 몸, 몸짓된 춤
풀고 풀어도 다 풀리지 않는 아름다운 목숨으로 살고
이룬 사랑 안에서 못 이룬 사랑으로 울고
흙 속에 살고 구름 위에 살고
돌아와 못 이룬 꿈으로 살고

불꽃놀이

어두운 하늘로 날아오른다
환희란 환희 사치란 사치
어둠 깊숙이 쏘아 올리면
터지면서 피어나는 불의 꽃 불의 축제
태워 없어지는 순간이 기쁨이라면
한 줌 재 되어 날리도록
지상에서 가장 화려한 외출이고 싶다

일생 한 번 이런 날이 없으랴
못 이룬 고난의 날들 접어둔 갈피들
불꽃처럼 타고 싶은 숨죽인 소원들이
불꽃놀이로 터진다
어머니의 브로치 부러진 브로치까지
누이의 꽃이란 꽃 죄다 따서
이제 짐이란 짐 다 태워 버리고
보이지 않는 마당에까지
갇힌 사람들의 소원이 일시에 폭발한다
뜨거운 눈물 서러워 삼키던 밤하늘도
화려한 화살에 꽂힌다
타고 남은 재 강물에 떠내려가도

타닥타닥 타고 있는 불의 화살 불꽃놀이

눈 속의 나무

눈이 온다 한없이
꽃잎 지고
나무는 행복하다

부대끼며
비바람 쓰러지지 않던 나무는
빼앗기고 추운 계절이 와서
남은 건 웅크리고 견디는 세월
칼바람 매워도
얼어죽기 전까지 견디며 한 계절
죽었다고 참으리
인간의 길에서 눈감고 이제 깊은 곳으로 가리 가서
바람 새로 불 때 그때 눈뜨리

그런데 따뜻한 눈이 와
뿌리에 있는 희망도 행복하다

눈이 온다 꽃잎 져서
천지 수북이 쌓인다
이불처럼 솜사탕처럼 부드러워

들판으로 문 밖으로 마음껏 뛰쳐나가

눈 속에서 눈이 내린다
나무는 행복하다

사랑은

사랑은 눈으로 와서 눈으로 간다
눈에서 멀어지면 마음에서도 멀어지는
마음에서 멀어지면 몸에서도 멀어져
몸에서 멀어진 사랑은 이별이라 부른다 그래서
마음에 있으면 꿈에도 있다

사랑은 맨 처음 눈으로 와서
머리에서 발아하여 가슴에서 자란다
또는 머리에 먼저 와 눈에서 피고 가슴으로 자란다

이별은 방향키 없는 외통이어서
한 번 가면 어려운 문제로 변해
그것을 후회와 회한이라 부른다

시간은 공유해야 좋은 것
멀리 떨어져 있으면 잡을 수 없이 빨리 지나가서
머리에 남아 가슴에서 자라기만 한 것은 온실 꽃 같아 약해져
들판의 바람이 데리고 간다

사랑은 한 번 가면 오지 않는 세월과 꼭 같아서
변화 깊은 진리라 한다
그 소중함 위하여 아름다움 위하여 서러운 꿈 때문에
깊은 울음 가득하다면
어서 눈에서부터 시작해야 한다

수캐

1

우리 수캐는 검정 고무신을 신고 있다
수캐 어미를 부르지 않는다 혼자 부르면 그 슬픔 살 수 없기에
그리움 알아주는 이 만나면 암캐처럼 흔들고 싶은 꼬리 복종하고픈 눈매

근질근질한 생명 흔들리며 늠름해 보이고픈 그것
풀 길 없는 자유의 속박 받아들이며 헤맨다
아비의 외로움이란 외로움 모두 가진 듯 찾아 헤맨다
머리엔 아무것도 넣고 싶지 않아도
깊은 밤 저쪽 우주 그 깊은 숨소리에 잠 이룰 수 없다

어디에도 그 뜨거운 가슴 묻힐 수 없다

2

밤마다 어둠 먹고 눈빛 어둠 속 보낸다
휘영청 달빛 닿을 수 없는 갈증 피의 비밀 지닌 저 많은 별빛 너머에 말 못하여 짖는 소리

항아리 속 같은 곳에도 정착되지 않고 쏘다녀도 풀리지 않는
담아줄 그릇 없는 목숨
떠돌다 지치는 목숨에도 간직되는 것

밤에 이루어지는 역사 전할 길 없어
대낮 골목길 돌아 길고 긴 뼈 빠지는 사랑을 한다
헐떡이는 사랑만이 진정한 위안이다

행복

강바람 차게 서성이고
물 위엔 얼음 굳어도
얼음 밑 물 흐르는 소리

슬픔을 가슴 밑에 두고
슬픔이 가슴 밑을 퍼렇게 흘러도
작은 행복 찾을 줄 알고
조급하지 않은 기다림 간직하여
삶의 순간에 행복을 찾는
행복할 수 있는 사람
가슴 밑 물이 흐른다

행복은
행복을 느끼는 자의 것
떠나간 것들 뒤에서도 기꺼이 보낼 줄 알고
다가온 아픔 앞에서도
행복의 눈 감지 않는
마음가짐 그런 가슴
늘 꽃씨가 묻혀 있다

쌀을 씻을 때
갈앉은 쌀 위 뜬 뜨물이 아름다운
추운 겨울 쓸리는 낙엽을 보듯
아름다움 쪽으로 열린
창을 가질 줄 알고
창을 꾸밀 줄 아는

좁은 방 낮은 창으로
자연의 아름다움 속으로 가
울며 보채는 가슴 묻어둔 사랑 저만치서 흘러도
계곡 돌 틈 흐르는 맑은 물의 생명
지상에서의 꽃
움직이는 꽃 홀로 그런 사람

종鐘

종은 소리를 울려 중생을 구원하기 위하여
소리 속으로 구원의 밧줄을 보내는 게 아니다

종은 온몸으로 울어서 그 소리가 캄캄한 겁을 돌아 씻겨져서

얽힌 끈 묶인 매듭 풀 수 없는 고통
벽을 끊고 부수고 펄펄 끓어 차갑게 맑아지면
돌아와 혈관 속 벽들마저 무너뜨리고

모든 것들아
생명이든 무명이든 과거든 미래든
만사에 너희들을 살아나게 하는 것이
저 소리 속에서 울음 같은 진리를 보내고 있다

잘 들어 보아
소리가 삶 속으로 들어오려 들려주려 울고 또 울어서
혼자 그렇게 구원이 된다

고귀한 것

고귀한 것은 아프다
아프지 않으면 고귀한 줄 모르기 때문이다
인생살이 고달픈 것은 고귀하기 때문이다
무거운 만큼 애틋하지 않다 말할 수 있느냐

꿈도 그깟 사랑도 버리면 편한
피하고 싶은 아픈 것들
온몸 부딪쳐 살아가라 아픔만큼 고귀해진다

고귀한 것은 아픈 것임을 알았다
아프지 않은 것은 귀하지 않은 것
몸도 고귀해서 나이 들어 알았다
세상에 안 귀한 아픈 삶이 있느냐
앓고 아픔도 고귀함에 닿아 있다

마음속 사람 살아 있어 귀한 사람 고귀한 것이 무엇인지
석 달 무지 앓고 난 후 저절로 알았다

꿈에 대하여

꿈을 크게 가져라 배웠다
큰 꿈은 사회를 구한다고 영웅 큰 바위 얼굴을 익혔다
의에 죽고 참에 살어라 했다
구차히 살아 이루는 꿈은 비겁하다 했다

큰 꿈 둥둥 쪼쫀한 현실 시시해
밥 없어도 좁은 골목 큰 꿈에 똥 누고
큰 직장 큰 사랑 울고
큰 꿈 아파 아름다운 작은 꽃 떠내려 갔다
지금 없는 멀리 것 힘들어 하고
실체가 없는 꿈을 위하여
오지 않는 그리움 안고

살아보니 꿈이란 슬픈 것 그냥 살아야 행복한 것
행복은 작은 것 속에 있고 없어야 꿈이다
삶은 그 자체로 꿈을 꾸고 꿈을 키운다
스스로 뿌리 내리면서 꽃을 피운다
큰 것을 버리고 꿈을 작게 가져야 한다
현실을 사랑하고 현실에게 물어야 한다

그리움

큰 것은 원래 닿지를 않는다
너무 큰 것은 더 닿지를 않아서
실체를 모른다

그리움도 그렇다
작은 것은 생각일 뿐이다
생각이 쌓이고 자라 커지면
실체가 없고
보이지 않고
닿지 않을 때쯤이면
너무 커서 닿지를 않는 너의 생각

그리움이다
완성된 그리움이다

새벽의 새

새벽 날으는 저 새는
가슴 추워서 난다 덥힐 곳 없는 세상
찾아 가는 것이 아닌 날아가는, 지금은 없지만 존재하는
새의 삶이 알고 있는 보일 듯한
가슴 추워 추운 하늘 춥게 난다

추운 이곳 저기도 추운 곳 보이지 않는 그곳으로
간절히 구한다고 다 구해지랴 어서 가야지
따슨 가슴 부칠 수 있을 곳 어디 없으랴 날다 보면 다다를
찾아가는 것이 아니다 이대로는 시린 가슴으로는

잠 잘 수 없는 하늘을 날고 있다
아득한 따스한 그리움 보이지 않는 곳으로
작은 소망 작은 행복 간절한 낮은 곳 버릴 수 없는 눈동자
언 땅 들풀 말라 뿌리에 감춘 생명이 대지에 가득한데
땅에 묻을 뿌리도 없는 새는 날아야 한다

찾아갈 곳 가는 게 아닌 서정으로 가는 게 아닌
살아 있기 위해 서리처럼 날고 있는
울음도 말라 침묵으로 아직 날 수 있는

때 묻은 날개로 삶으로 산 날개의 힘으로
날개가 날고 있다 시린 생명 저렇게 날고 있다

행복이나 희망은 오다가 잊어버려 돌아갈 수 없다
보띠리 풀려 내장이 얼어도 돌아 볼 수 없으리
우중충한 하늘 언 땅 김포들판을 날고 있다
날 뿐이다 날다가 멈출 수 없어 가는 목숨
어느 기슭에서 쉴 수는 있으리
피곤한 날개 접고 앉을 곳은 저 날으는 날개 속에
힘들고 배고프면 외로움은 도처에 깃털 빠져 흩어지고
걱정 같은 약속 같은 울음 가르쳐 주는 희망 같은 걸랑
사치 같은 사랑 같은 것 간절히 필요한 때도 있었다 주변 꿈이 더 시린
시린 바람이 날개를 얹어 줄 뿐
그 시린 힘이 앞으로 가게 할 뿐이다
새벽의 새는 그렇게 떠서 난다

북소리

북소리 듣고 싶다 했제
가슴 저 바닥에서
한 번도 울지 않고 존재하던

낮고 트인 언덕에 바닷가 마당에
둥 둥 둥 둥 둥둥둥둥 마음껏
혼자 안 되면 누군가에 기대어서 그러나 울지 않았던
세월 흐르고 세월처럼 울리지 못한 그 북소리
흐르고 흘러갔는가 이제 얼마나 남았는가

커나 오던 꿈이었던
멀리 그 가슴 못 들어오게 했던
들어오면 아직 울면 안 되는 삶의 한가운데서
들판처럼 누운 공허 그 부재를
몸살로 펼쳐진 핏줄 같은 강 있지만
만나고 싶지 않은 보고 싶지 않은 바보가 아니라고 오만이 아니라고 진짜라고
한으로 남지 못한 그 자존의 북소리 이제 만공으로 흩어져갔는가

사람아
정말로 목놓아 울고 싶었제
울리고 싶은 큰 북 이제는 애써 외면하며 살제

나도 북 되어 울고 싶었다
닿고 싶었다

그리움의 속도

깊은 생각은 깊은 에너지 강한 생각은 강한 에너지
생각은 에너지
빛의 속도는 광년 전기가 가는 속도는 전파가 가는 핸드폰이 가는 인터넷이 가는
인터넷 치는 순간 감정이 화면에
뜬다 열지 않으면 쌓여 있다가 열어 검색할 때 생각 속으로

생각하는 이 생각의 속도는 얼마인가
생각 순간 생각은 그대 되고 생각 속 속도는 달라진다 모르는 사이
그대 생각 속에서는

생각 몇 번 왔다 가고 건넌 구름 무거워
눈치 못 챈 다음 생각 덮쳐온 속도는 계산되어지지 않는 그리움
모르는 속도는 그대가 준 것
보채는 속도는 속도를 더해 알아차리지 못하는 속도가 된다
시간과 공간을 지나 사랑의 에너지는

그대 처방 따라 화면을 지운다 화면에 지워진 속도가 머리에

지워지고
　가슴에 견딜 만하게 될 때까지의 속도는 그 속도 동안은

　그대에게 갔다가 오고를 반복해도 보이지 않는
　가서 그대가 되었다가 그리움이라는 블랙홀로
　압축파일이 자동으로 풀렸다 업데이트 되어도 보이지 않는
　속도가 되어 쌓일 그리움의 속도를
　그대는 눈치채지 못한다

그리움은 비겁한 것

그리움은 참는 것인 줄 알았다
절제하는 것이라 믿었다
온전하게 보존하는 젖은 것 말리러 오는
헤집으면 상처가 덧나는
먼 곳 날다가 돌아오는 것인 줄 알았다

그리움이란 지나 보니 죄 같은 것
온전히 죽지 못해 구원 못한 이루지 못한 비겁한 것
그리움에게 가서 그리움을 알았다

사랑은 행동이라고 문득 세월 흘러
그대 저만치 건질 수 없이 흘러가 버린 뒤
너무나 멀리 저 바닷속으로 흘러가 버린 후에야 알았다
피 흘려도 힘껏 싸워야 한다
힘 없으면 그리움의 집에서 나와
그리움을 벗어야 한다

너의 이름을 부른다

사랑은 그리움 속으로 들어가 버리고
그리움만 남았으니
나에겐 사랑은 없다
그리움의 집에서
사랑을 부른다

사랑은 어디로 가고
찾을 수 없는
그리움의 빈 집에서 사랑아
너의 이름을 부른다

2부

그 강

그 강을 아직 떠나지 않았습니다
그 강 아직 버리지 못했습니다 잊고 살려고 했습니다
잊었다고 알려주러 갔더니
더 푸르러 있었습니다

푸른 강물에게 차마 마음 전할 수 없어 물 따라
가다가 가다가 깊어져 잠겨서 차올라
그만 와버렸습니다

내가 익사해버리면
다시는 만날 수 없기 때문입니다
내 죽은 강으로 남기고 싶지 않았습니다
살아서 이렇게 구차히 돌아와야만
깊은 줄 알잖아요

그 강 그냥 있습니다

낙동강

낙동강은
자갈밭 코스모스 길 따라 사람들 사는 곳으로
전답을 키우며 살아 있는 것들의 목을 추기며
육백 리 노래 속을 만나고 합치면서 더 큰 그리움 속으로
다시 칠백 리를 구비 돌아 평화로운 흐름으로

오리 알 자라 알 붕어 알 가물치 알 종달새 알
은빛 모래 완만한 흐름의 마을과 마을
넘치고 때론 마르며 질펀한 늪 만들며 구비 구비 갈대 키워 새 떼 날던 하늘
저녁놀 그림자 따라가는 마을의 마음 그렇게 속으로도 흘렀다

돌다리 나무다리 나룻배 줄배 건넌 저쪽 마을 사과가 익어가도
지난날 미루나무 숲 치렁치렁 줄 서 있었다
도리원 탑리 화원을 고령교 지나 김해 을숙도를 거쳐 남해로 가는 동안 발목 빠지는 모래 구릉 노란 참외 무진장 땅콩밭 뚝옆 억머구리 잡으러 배부른 배암이 자국 남기며 슬슬 기었다
억수로 비 내리는 강변엔 떠내려가는 걱정들로 범람하고 불어

나는 걱정이 희망처럼 줄기찼다 논둑과 논둑 건너뛰는 잉어 떼 손으로 잡지 못해 뜰채로 기다리다 끝내 발바닥 밟히는 붕어 새끼의 매끄러운 감촉만 느끼곤 했다

세월 따라 아이들 크고 떠나도 늙어서 산 속 집으로 가기까지는 부모님전 상서 끝 이만 총총 편지를 받는 낮은 언덕 가득한 들국화가 누님 마음 같았던 그런 기슭 적셔 돌아 내려오며 길게 불빛 어리는 저녁 물길 바뀐 벼랑 밑 늪엔 불만 덩어리 같은 이무기 밤새 울었다 아직도 용이 못 된 이무기는 어릴 적 꿈을 물고 놓아주질 않는다 세월 흐르고

낙동강 천삼백 리 세월의 꿈 도처에 널려진 오리 알

새로 생긴 콘크리트 다리 밑으로 물 말라 그리움도 덩달아 말라붙었다

미군이 노을 쪽으로 산탄총을 쏘아도 까맣게 돌아오던 철새 떼 갈대밭 위로 뭉게구름 키우던 하늘은…… 돌아올 철새 떼 기다린다 낙동강은 좁아진 강폭 흐름 낮고 얕은 물 위에도 구름 띄운다

2

낙동강 흘러 바다와 만나는 을숙도 부근 강물 빛 보았습니까

공중의 그 많은 철새 떼 보았습니까
바다와 만나는 마감의 지점에서 드디어 강은 안도했을까요
강은 바다 품에 안긴 것일까요
바다는 강을 끌어안아 주었을까요
목놓아 울어버리지나 않았을까요

강 1

너는 그런 꿈이었다 나에게
가는 길 외로워도 아름다운 들꽃으로
깊은 별빛으로 슬픈 달빛으로
비 오는 해변에 흔들리는 불빛으로

그리움 가득 안고
사무치는 가슴 강 되어 흐른다

깊은 새벽 잠 깨어 듣는 파도 소리
그보다 소리 없이 흐르는 한밤의 강

그렇게 살아가고 나이를 먹어도
연륙교 놓은 섬처럼 마음에 연륙교 하나 놓아두고
찾아가고 싶다
봄이 오면 물빛 풀리면 바람 새로 불면 비가 오면
그대의 영혼
성 안에 있던 잡을 수 없던
오늘은 어느 구름으로 만날 수 있나

강 2

노을이 온다

이제 네 가슴 강江이 되리
강江은 더운 가슴 물고 이동하는데
언덕 너머 강물 위로
그리움 간 데 찾을 수 없어
강심江心에 구름 한 점 안고
깊어지고 있다

노을 끝에서 묻어오는
숨겨둔 강 잠기는 소리
이 그리움
강江을 끼고 오가느니

흐르고 흐르면
언덕 달무리로 떠
한 생각 깊은 피리가 되리

영산강 1

강물은 종일 모래를 적시지만
갈증처럼 마르는 강변의 모래

잊혀진 강으로 영산강은 흐르고 너는
건너서 구름 위로
아무것도 이루지 못한
세월이 흘러
나지막한 산과 나지막한 마을처럼
그런 그리움으로

순종을 배운 바람이 온통 휘감고 있는 강
여기선 눈물도 조용히
마음 보이면 상처를 받는 법
가슴 물고 흐르는 강물과 무심한
어디서 긴 흐름을 흐르는가

영산강 2

1
네가 있어 마음속 강江은 흐른다

이룰 수 없던 젊은 날 잡을 수 없던 안부는
꿈이던 너는 깨알 같은 엽서는
흘러서 남해로 간다

빨강 가방 맨 우체부 아저씨 안타까운 꿈의 나라
맑은 흐름이 있다

2
닿을 수 없는 갈증 모래 속 젖으며
영산강 구름 위 꿈 하나 죽어 흐르고

우우 대숲 우는 밤 푸른 파도 그리움의 물살 흐르고 흘러
치자꽃 향기 같은 오지 않는

그날의 엽서 같은
못 만나는 이름이 있다

밤 강에 띄우다

깜깜한 밤에 바가지를 검은 보자기 싸서
강에 띄우고 왔다
본 사람 없어야 보자기 싼 바가지
바가지 속에 든 것 검은 강물 위 떠내려갔다
엉엉 가거라 다시 곁에 그림자 찾지 마라
가급적 상류에서 띄웠다
아무도 모르게 조바심 내며
바지 젖으며 돌부리 넘어지며 손 흙 털며
간절히 싸 보냈다 흘러가고 흘러서 가라
깜깜한 바다 가서 바다에서 없어지리
가다 보자기 풀어져 엎어져도 모르는 일

그 방법밖에 방도가 없었다 그렇게 보내듯 확실히 해두듯
입도 봉해 따라 보내고 멀리 흘러가고 없으리
돌아오는 안도의 행복

내일 아침에는 다름없는 하루가 시작되리

혼자 가는 긴 강만으로는

애태워서 아름다운가요
저만치서 꾸짖으며
알 수 없는 변한 믿음의 뿌리까지 흔들고
아득히 흘러 바다에 닿았습니까

닿기 전 부대끼는 작은 강물인 것을 섞이어 같이 가야 했던 것을
이해할 수 없는 위로 받고픈 작아진 모습으로
내 것은 슬픔이라는 강보다는 큰 것임을
현실의 귀한 사람끼리의 소통이라 믿습니다

이 어려운 것 나도 떠내려가고 싶습니다 아득히
혼자 가는 긴 강만으로는
허무의 바다는 달랠 수 없으리

여자의 것은 이별을 잡고 있어야 아름다운가요
여자의 것은 바다에 잠겨야 아름다운가요
아까운 세월 다 보내고 떠나는가요
'사랑' 하면 '천박' 할 것 같아 그렇게도 따스함에게
길이 없어 수십 년 둥둥 큰 북

물속을 떠내려가도 건질 용기 없으니
작아진 가슴에 있는 것은 어디로 보내야 하나요

한강의 나비

1

한강을 날고 있는 나비 보았다 거대한 나비, 가벼운, 무지갯빛 발하는 나비 몸짓 비우고 비워내면 저리 가벼울까 고성능 모터 단 아름다운 나비 서울특별시 나비과에 시민들 네티즌 투표하고 엠 주식회사와 몇몇 기부금 보태 오 년 만에 태어난

2

나비 더 만들자 한 마리만 있어야 된다 시의원은 청사 위에 앉아야 한다 네티즌은 팔당호에 쉬어야 된다 미사리 양수리 자연산 나비 앉은 자갈밭 자갈 속 꽃이 피었다 그 사이 나비 혼자 날아 안개 자욱한 날 전조등 켜 날개는 꿈 빛 발하여 강 더 푸르르고

시민 관광객 집까지 따라가 지친 몸과 마음의 상처 곁에 날개를 접었다 위로의 눈물은 강을 보태고 슬픔처럼 흘렀다 일상의 고된 자전自轉과 자유自由에 대해 물 위를 낮게 날고 싶다 지쳐 있는 일상의 나비 꿈들아

한강의 나비 작은 나비 만들고, 윈도우에 블로그에 카페마다

웹에도 고된 어깨에는 잃어버린 희망과 꿈이 작아야 한다고 사람의 그림자 드리우고 물고기 떼 나비 방향으로 무지개 꿈 낮게 떠갔다

3

비 오는 날 젖어서 미사리 쪽 오고 있을까 김포 일산 쪽 갔을까 올림픽 운동장에 쉬고 있을까 마음속 나비 젖어 날고 섬 같은 이가 나지막이 그리움은 멀리 있어야 그리움이고 나비는 가까이 있어야 그리움이다 그리움 자체인 나비 첫 눈 내리는 강변 눈 맞으며 보고 싶다 의사당 뒤편 벚꽃 피고 여객기 뜨고 바람 새로 불면 한강의 나비 그 큰 날개 보고 싶다

가는 그대

가는 그대 가는 이유를
좀 더 설명할 수 없는가
올 때는 많은 설명으로 오고 무성한 잎으로 나부끼다가
갈 때는 침묵으로 회오리로 쓸고 간다
이젠 동백꽃 낙화 닮으랴 꾸짖는다
송두리째 꺾고 가는 바람아
가는 마음도 소중한 것 받아서 보고 싶다

영화가 끝나고 긴 여운 안고 가는 사람은 행복하다
슬픔만 시체로 수면에 뜬다
가는 그대 함께 흘러 나도 가버리고 싶다

오랜 지난날들 쪽지 한 장 없이
이해 못할 낯선 모습, 바람 뒷모습,
여자는 잔인하다 그래도 여전히 아름답다
아름다워 슬프다 가는 그대

내 마음에 쓰는 편지

내 주장은 덮기로 했습니다
이제 할 수 있는 것은
고개 끄덕이고
내 주장은 숨겨 두는 일

당신이 슬플 때
쉼에 대해 이야기할 때
당신 문제 외는 세상 다 해피하다 할 거예요
당신이 있는
그 착한 이야기 들려 주세요

길 잘못 들면

인생도 한 번 잘못 들어오면
이렇듯 답답하게 정체한다
국회의사당 태극기 평화롭고 비장하게 펄럭인다
차들은 꼼짝없이 묶였다 바쁜데
불법유턴도 할 수 없이 꽉 막혔다
한남대교에 총기범 검문 중이라나
강북도로로 갔으면 벌써 다 갔을 것을
약속 못 지킨 사람 되었다 그래도 먼저 간 사람은 있는데

가야 할 일이 있어 가야 하는 길
가벼운 통증은 가벼운 약속보다 가벼워 돌볼 시간이 없다
떠나지 못한 당신도 가벼운 통증이었나
작은 일에는 정의가 통증처럼 살아 있지만
큰일일수록 정의는 뭉게구름
총알과 작전이 있을 뿐
가야 할 길 바쁜 꽉 막힌 도로 대책 없이 기다리며
뚫리지 않는 동안 착해진다
짐은 무겁고 자유는 가벼워서 연처럼 펄럭인다
재산은 늘어나고 부채는 무겁다
여기선 퇴로가 없다

순수한 순간

떠나지 못하는 것은 다 조금씩은 슬프다

아주 떠나야 하는 것은 아주 슬프다

멀리 떠나도 슬픔은 더 가까이 남는다

슬픔을 모르는 순간은 잊힌 순간이다

아무 생각 없고 너도 없는 순수한 순간이다

감옥에 갇힌 애인에 대하여

감옥에 갇힌 애인을
감옥에 갇혀 있는 애인을 구하려 할 때
가슴속 애인은 기대하지 않는다
구출될 때 구출임을 감옥이 가르친다

감옥은 갇혀 꿈꾸는 곳 아닌 고통 속 뭉그러지는 곳
출소의 희망 기다리는 곳 아닌 오는 희망 돌려보내는 곳
애인이 감옥에 있을 때 애인에게 기다림의 메시지 보내지 마라
고통 속 고통이 고통이 될 때 위안 없는 위안만이 진정한 위안
겨울 들판 마른 상념이 감정에 빠질 때 소망도 쉬어야 한다
가라앉히기라도 하여야 한다 당신에겐 바라는 게 없음을 이미 알지 않느냐
—자꾸 와서 흔들지 마라 왜 자꾸 좀 가만히 내버려둬라
힘 없는 당신 조용히 물러나 있을 것
기다림은 감옥 밖의 몫, 감옥 안엔 더 견고한 감옥만 있을 뿐
말씀은 감옥을 더 감옥답게 할 뿐 헝클어진 머리 다 빠지는
쓰잘 데 없는 서정 작은 마음속 아름다움 따위 아닌
드라이 한 것 속에서 찾아야 한다

애인이 감옥에 있을 때 위로하지 말 것 진정코 구해내는 일
마음은 마음속 감옥 하나 더 만들 뿐 말은 금물
목숨 걸고 구출할 때 관중 환호하고 박수치듯 구출되었을 때 참사랑 눈 뜬다
구출할 힘 없는 슬픔은 당신 몫 하늘도 모르는 당신 몫
출소해도 온다는 보장은 감옥에 남기고 나온다
소중히 귀히 아낀 마음도 사랑도 금전 앞에는 저만큼 멀다

간절한 것을 이루어 주는 것이 간절함이다
간절함에게 가서 간절함 되라
구출할 수 없으면 돌아서라 가서 입 없는 슬픔의 감옥에 갇혀라
감옥에 갇힌 애인은 피흘려 구해야 한다

3부

벚꽃

잿빛 날들 지나와
어느새 아득한 곳으로 만개하여
온 하늘 가득하다 못해
치마폭 내리듯
먼 하늘 아래로 지다

아직도 옥양목 빨래 같은 빛으로 살아
목피 속 가득 감추어 흘러와
희게 배어 나오는 가지마다
살 속에까지 번져 있는 벚꽃 물들임이여

너의 마음 이렇게
벚꽃으로 오는구나

벚꽃 2

아, 아니라 했어요
알기 전에 바람이 멀리 전하기 전에 진짜는 항시 잠시
잠시 핀 무심한 것이라고
봄날에 취한 적막한 저 무명에게였다고
여행 같은 봄 가지 아래 흙에 그냥 낙화했다고 싶다고 했다
고
정원에 그림자에게 묻었다고

감당 못할 꽃을 어쩌자고 아니라고
다 안다고 암말 말라고 보여주지 않는 내 참 속
서西라 말하면 서西로 믿는 당신의 밤을 위해
어둠 속 일시에 보여 드린 거예요
이제 제자리로 돌아왔어요

내 몸은 빛을 흡수하는 검은 색 껍질로 싸고
그 속에 연한 빛 가득함을 아시는지요
잠긴 날들을 펴서 아득히 보내고 나면
삶을 부대끼며 가지마다 당신 생각은 없지요 세상이
파란 잎들 일상으로 무성히 돈을 거예요

일 년을 참아 일시에 피었다 지는
마음 홀로 피고 지는 봄날이에요
당신 마음 단 삼일만 물들이고 꽃비 꽃비로 가요
아, 아니라고 그것이 아니라고 했어요 사실은…
당신 잘 있지요 저 가요 좋은 날 되길

목련이 벚꽃에게

계절로 살아 그렇게 떠나면서
저것이 너의 것이라면
보여지는 이것은 내 마음 탓인가

너가 벚꽃으로 왔다면
너보다 더한 나는 목련이었다
목련 낙화가 벚꽃 무리 속으로
벚꽃 너는 천지에 지고 있구나

너는 무심히 꽃비 꽃비로 내리는데, 내가 이러한가
말해 보라

결국은 벚꽃 낙화로 가득하냐
뭉텅 뭉텅 토吐한 저기 저 벚꽃 슬픔아

목련이 벚꽃에게 벚꽃이 목련 낙화 위로
버짐같이 온 세상 피어서
증명하느냐

아카시아꽃

아카시아꽃 흩날리면
맑은 하늘 쪽으로
당신 이름 이렇게 아름다워지는데

궁금증이 꽃 피어 흩어지네요
바람이 향기주머니를 베어
맺혔던 생각 푸른 피에 씻겨요
멱 감고 온 미끄러운 바람의 긴 머리칼 사이로
길게 기일게 따라가고 있네요
그리운 생각은 오래 되면 향기가 되어
당신이 나를 아카시아꽃 아래로 데려 왔어요
바람 불어 가는 바람에 실려
쪽지 하얗게 오월의 길 위에 뿌려지네요

바람에 실어 보냈어요
그곳 아카시아 아래에 가 계세요
이렇게 아름다운 그늘에 와서
흔들리고 있어요
가고 있어요

아카시아꽃 2

오월의 바람은
밖으로 밀어내는 힘이 있어
그리운 가슴은 신록으로 번져가고
당신 안부가 편안한 아카시아꽃이 폈습니다

아카시아꽃은 욕심 없이
향기 더 짙게 멀리 보내는 꽃입니다
마음 열어 소식처럼 보냅니다
당신 자리 통증은 우윳빛 풍성한 꽃으로 부풀어
다치지 않으려 닫았던
그리움의 기슭에선 다리를 건넙니다

나에게 오기를 기다렸던 것들
보낼 줄 아는 꽃입니다
오래 맺혔던 당신의 것을 계절 속으로 보냅니다
사방 천지간으로 대지의 숨결로
아카시아꽃 아래 바람 속에서
묻어둔 것조차 꽃등 진 자리 너머로
당신의 푸른 건강을 봅니다

장미꽃

뱀도 못 오르는 담장에 허리를 얹고
그대에게 가서 핀 마음의 꽃이어서
그 마음이 어깨 짐보다 무거워
가시가 어떤지도 모른 채
그대 대신 현실의 담장에 기대어
사랑으로 피우는 이 내용 저 꽃 정직한 아픔

생각은 앞으로 줄기도 앞으로 지치지 않는 생명으로
담 너머까지 강하게 이어져 태양의 계절을
진행되어 가면서 알았어요
만물을 태양이 키우듯 그대는 사랑을 키우는 태양인가요
장미꽃이 붉은 것은 향하는 피가 붉기 때문이고
연한 것은 설레임이 연연하기 때문이며
검은 것은 사모하는 마음이 까맣게 탔기 때문이에요

꺾어 창가에 두세요 수천 송이 중 한 송이
꺾이어 거기 있다 생각하며 장미꽃으로 또 피어나면서
뜨거운 담벼락에 데이면서도
사랑이 눈물겨움을 알게 될 거예요

밤꽃

밤꽃 밤에 핀다 수태하고픈
흔들리는 수태성
낮은 언덕 모퉁이 등불 켜지듯
우물 곁 물 묻은 두레박
여인의 치마그늘로 긴 구렁이의 흔적
끝에 묻은 잉크 같은 질량의 달빛 반사 속에
꿀럭꿀럭 징그러운 꽃

우윳빛 하얗게 자빠뜨려진 주변으로 향이 머문다
계곡을 만들고 위안을 간다
머리칼 속으로 번진다

뜰 안 마을 안엔 밤나무를 심지 않았다
아끼는 여인을 밤꽃 밑에 두지 마라
그 향에 취하면 어쩌랴 밤에 밤꽃 비릿하다

코스모스

길은 평행 곡선
돌아가면 또 새로이 펼친다
소식은 없어야 값지고
가을은 겨울 앞에 아름답다
슬픈 그대처럼
코스모스는 길 양 안쪽으로만 향하여 피는 이유를
아는가 그건
기다리는 소식 그리움의 꽃이기 때문이다
그대 이 길로 떠나고
올 때도 이 길로 온다
길목 지키고 있는 이것은 확인하고픈 것들
꽃으로 핀 것이다
구름 흘러 드러나는 징검다리 건너면
보인다 그대 살던 집
이제는 가을 너머에 살고
그때 배경만 천지에 가득하여
만나고픈
이것이 피어서 흔들린다

들국화 3

그립다고 그립다 말을 마세요
보고 싶다고 보고 싶다 하지 마세요
가을이 먼저 와서 꽃으로 폈네

비바람 천둥 다음 날에도
찾아오기 어렵거든 마음 실어 보내세요
별빛 바람 속 수용하는 모습으로
세월 지나 찐한 마음 궁금하여서
그대 살아 있다고 바람 부네요

그렇게 다진 세월
들국화 폈네

목련 3

긴 겨울 피기 어려운
기다림의 끝에
하얗게 피어나는가 싶더니
어느새 지고 있는
마음아

하이얀 조각 그늘지는 뜨락에
기다리던 네 마음이
소리없이 지고 있구나

목련은 때묻지 않은 기억
항상 안타까운 기다림
적막의 하오를
흰 바탕으로 무너뜨리고

기억은
인연의 피어남으로 오더니
사월의 바람에 실려서 가고
그늘 위에 마음처럼 내려 덮힌다

순천만 갈대밭에게

상사相思 여윈 것을 내가 여기에 두고 가려 한다
두고 간 것들이 못 떠난 이 장엄함에 내 것도 두려고 한다

허공이 와서 갯벌 드러난 바닥에도 물길이 패여
썰물 따라 바다 쪽으로 미련도 없이 밀리어 가느니
순천만엔 저녁에 올 일이다
어스름이 묻힐 때 그대 사랑도 묻히기에 편하다
아까운 사람을 이 정도는 되어야 두고 떠날 수 있지 않겠느냐

사연은 저 넉넉한 갈대로 살아서
바람 불어 평화처럼 넓게 퍼져 간다
잃은 가슴을 떠나보내려면 늦가을에 올 일이다
바람에게 전하던 말을 선혈의 노을에 걸쳐 두어라

상처뿐인 소중한 가슴아 오라 다친 저 넓은 속으로 가 보아라
세상은 사랑은 사연이 이렇게 많다고 마디마디를
아픈 것이 이렇게 아름다워서 위로를 받으리라

떠난 사람도 울어야 그대 사랑도 보낼 수 있다 울게 내버려 두라
짐 내려 어두워진 길을 따라서 그리고 돌아가라
노을 속 펼쳐진 한때의 진실이
삶을 끌어주는 슬픈 힘이 되리라

지구 구석에 작은 인간이 태어나 감당 못할 그리움에 지쳤지만
서툰 네 사랑를 순천만 갈대밭은 대신 펼치리 잊지 않고 펼치리니
어느 날 다시 여기에 오면 수천 만 평 갈대는
그대 대신 울고 붉은 가슴 대신 토했음을 알리라
사랑의 평온으로 지상에서 고귀한 완성을 보리라
영원으로 있는 것을 보리라

갈대밭에서

노을이 가고
텅 빈 들을 덮으며 어둠이 오고
뒤늦게 돌아간 사람도 여기에선 보이지 않는다

태양이 그림자를 거두어 간 길을 따라
달무리로 떠서 더욱 긴 그림자는
마음속 그림자만 남기고 간 그 사람처럼
무수한 별 데불고 와
갈대밭에 잠기고

사랑도
하기 전에는 황홀한 꿈이었다

이제 생각하면 진실인 것을
우리는 더욱 성숙하여 울음도 사치가 된다
견뎌야 하는 것이 삶이고 연륜인 것을
오랜 날 지내 와서
아프지 않는 나의 사상

불어라 바람아

소식처럼 끝없이 가다가 없어지는 소식으로
이렇게 마음 편한 갈대밭이다

갈대

어느 그리움 있어
이 언덕 가득 피었느냐

살아 온 언덕이 숨차지만
잊고 산 세월이 갈대로 살아
이렇게 서걱대는 가을이구나
여기선
내 머리칼도 갈대로 날리고

바람에
바람처럼 마음 열고
내가 이렇게 가득하다

거대한 종을 이 언덕에 두면
낱낱의 사연인 갈대 소리가 모두
종 속으로 들어가리라
들어가서 말 못하는 가슴은
언덕에 피리라

한 생각 끝나고 나도

한 자락 바람 있어
소리는 바람 타고 가장 멀리 날아가서
한 가슴마다에
부대끼며 살리라

한강의 억새꽃

영등포와 여의도 샛길
억새풀 꽃 피어 흔들리고 있다

줄기는 마르고 말없는 하얀 머리는
마냥 흔들려
평화를 말하려느냐
생을 말하려느냐

여기 기회의 땅 어쩌다
벽 높고 그림자 긴 서울에 떨어져
증권회사며 의사당 보이는 이곳 올림픽대로 옆
생존의 무심한 과거 부대껴 왔으리
뿌리조차 마르던 한때, 목 잠기는 범람의 시기
허리 꺾이는 태풍의 계절을 스스로 치료하며
제초의 칼날 베이며
달 보고 기도하는 마음도 익혔으리

추운 새 떼 부지런히 일터로 간다
세상에 저절로 되는 것 어디 있느냐
노년을 저렇게 경이로움으로

저 모습 얼마나 깨끗하냐
인간의 마을에도 하얀 머리칼 계절이 오면
이러하라고
억새꽃은 온몸으로 가르쳐준다

억새풀 여름날엔 베지를 말라
베고 베도 저기 피어 보여주노니
저절로 살아 가득 보이게 하라

꽃

1

지나온 뜻의 절정 멍들기 쉬운 가슴만 있는 들판에 울음 같은 게 꽃의 상태인가 생각하는 그만큼의 무게를 지탱하고 있을까 열심히 생각할 때 열심히 피어나고 조난당해 침몰할 때 깊다 바라보아도 부족한 눈 속 인간이란 아름다운 것 열심히 생각수록 취하는 네가 있고 내가 있는

바람 흐르다 한 점点 고정되어 향向하여 머물러 집착하는 상처

나의 꽃은 걸어 다닌다 잠을 자도 자라고 피곤해도 더 생기있게 손짓하며 웃고 있다 별이고 싶은데, 뜰에서 멀리 강江 들판에 가끔 오래도록 보인다

2

속으로 감추다 감추다 터지는 것일까
꽃은

사람아

마음속 못 견디게 피는
꽃이 피듯
그렇게 오라

치자꽃 향기

누구의 관심도
누구의 느낌도
누구의 위로도
누구의 조언도
누구의 간섭도
누구의 사랑도
누구의 전화도 필요 없는

몸짓만으로 아픔만으로 그리움만으로 치유만으로 그림자만으로

삶을 참아 작은 꿈 살릴 수 있다고 별 같은 자존 하얀 꽃이라고 열매는 굵은 짙은 향이라고 계곡 가득할 오래 꾼 꿈이었지 하얗게 펴 희망처럼 푸른 그림자 곁에서

슬픔아 마음아
너의 순수도 필요치 않다
존재만이 그리움일 뿐
내 안에 집을 짓지 말아라
그냥 먼 닿지 않는 사랑으로 편한 사람으로
향기는 그래서 짙고 멀다

4부

사랑시 4

지극하면 눈물난다
꽃은 혼자 피어나지만
사랑하는 마음은 혼자가 아니라서 이리 아프다

꽃은 피어나 보여주고 사랑은 확인하여 완성되는 것
깊은 밤 깊은 계곡 달은 뜨는데
내 마음 아직 짐승 같은 바닥

보고 싶다 그 목소리 그 눈빛마저
혼자 자꾸 피어나지만
사랑하는 마음은 혼자가 아니라서 이리 아프다

사랑시 5

그대는 토속적이어서 그리우면 고향 같은 울음
언덕의 뭉게구름 돌아가도 맨 골목길이다
탱자나무 울타리 밖 흘러 저 마을 철길 옆
복숭아나무 흔드는 소나기로 젖고 싶다

아름다움에 취하고 부드러움에 묻히면
행복도 아득히 떠내려간다
그대 부끄러운 부분의 한없는 자유까지

슬플 때는 슬픔의 강에 가라앉는 무게를
아득히 홀로 떠내려갈 때 슬퍼요 하고 찾아올 수 있도록
젖은 날개 말리며 잠들 때는 곁에 눈 떠 있도록

눈을 감고 생각하면
행복해요 하고 아득히 밀리어온다

사랑시 6

감당할 수 없는 물결에 떠밀려간다
참사랑은 아득하여라

마음 넓게 펼쳐진 해안
밀려왔다 가고 나면 젖은 허망함
펼쳐서 말린다

첫 사랑

이십수 년 흐르고 다시 만난 댐
잊어야 한다고 잊고 살자고 상처 주지 말자고
그러고도 십수 년 아름다운 그대

오는 바람 물결 바닥 알 수 없는 깊이
안부 묻는 가슴 물고 저 흘러가는 구름을
다가오는 아름다운 엽서들을 어이합니까

떠나지 않는 모든 것 허물되어 연락도 못하나니
이제 아름다운 관계가 될 수 있나요 지혜로 가르쳐 주세요
다함 없는 거리에서 슬픈 사람아

열애

그리워한다는 것은
너를 향한 욕심이 많기 때문이다
욕심의 구름 물러설 줄 몰라서
층층이 쌓여만 있네

그리워한다는 것은
너의 진실에 내가 접목接木되고 싶은 것
견디어낸다는 것은
열애하지 못한 채 열애의 입구에서 앓고 있는 것

그립다 오늘 이 넓은 천지
서산 같은 적막에 네가 있고
잊기가 힘들면 두고서 와야 하리
너를 향한 욕심을 저문 강 보내듯
접어서 저편을 흐르는 소리 없는 강물로
멀리 부는 고된 바람으로
버리고 버릴 수 있을 때

그렇게 살리고 싶다
잊고서 내가 네가 살도록

그리움은 사무치지만

꿈꾸는 세상
그리움은
사무치지만

희망의 세상
참고 견디며
튼튼한 뿌리가 필요해요 나 혼자

당신을 위해서라도
아직은 노력하면서
어쩔 수 없어요

연

돌아올 수 없이 높이 날아올라 멀리 날아가고픈

팽팽한 끈이 있어 날아오른다
끊어져 끝나지 않고 매달린 끊어질 듯 팽팽한
아직 감겨 있는 나머지는 감아 두고
더 풀어내면 끊어질 듯 끊어지면 안 되는
매여 있어야 하는 이 집착 사랑해요
당신의 자유를 잡아매는 끈 단단히 잡고
놓치지 않으려는 힘든 싸움 사랑해요 당신을

그대 눈 속

그대 눈 속 물이 많아서
그대 일렁이고 있네
깊은 밤 깊은 우주, 깊은 밤 깊은 호수湖水
달 빠지듯 별 빛나듯
그렇게 빛나고 있네

그대 꾸며 사는 작은 방은 부족하여
양量 맑은 그리움 비치어지네
흘러 깊음 참다가도 넘치고 있네
먼 별빛 가고 빈자리 달 같은 게 남아

사랑은 한없는 포용이라고
아픔 속에서 용서받으라고
사랑을 위해 슬플 수 있다면
그것이 진정 사랑이겠네

꿈꾸는 눈물은 혼자만 아는 생각이겠네
작은 흐름이 못 이룬 그 속 씻기고 가네
그 바닥 말 없는 빛으로
믿음에 대해서도 알 수 있겠네

이만큼 거리 흐르게 하면
꿈꾸는 맑은 빛 살아나겠네

슬픈 사람

맑은 아름다움 있었습니다 허물 많아지고 이룰 수 없는 것들 흐르고 흘러 어느 떠나지 않는 생각과 하늘 아래 보이지 않는 한 여인의 아픔을 알 수 있나요 안타까움이 모래 언덕처럼 쌓여 문득 달빛만 슬픈 게 아니라 생각합니다 아름다워서 슬픈 사람 순수해서 슬픈 사람 운명을 거역할 수 없어 슬픈 사람 여자여서 슬픈 사람 나를 알아서 슬픈 사람 사랑해서 슬픈 사람

네 생각 하나

1
먼저 와서 추운 겨울 견디어 피는
네가 가꾸는 것 이러하다고 철쭉꽃 피어 가르쳐준다

온전한 마음에 이르는 길 힘들지만 참고

잊히지 않는 고뇌, 불멸의 밤 겹 쌓여도
가는 길 힘들어도 너를 지키는 꽃 같은 생각 하나

2
사랑하는 것은 사랑을 받느니보다 행복하다지만
받는 것이 주는 것보다 즐거운 것
더 이상 길이 없어 멈추어 섰다
치마처럼 누리를 덮은 네 생각 하나

사랑이란, 아무리 지치게 해도 지치지 않는 것

꿈으로만 사랑할 수 있다면

꿈으로만 사랑할 수 있다면
꿈이 꿈을 만들고 꿈이 나를 만들고
그리움 하나만으로도 도리원같이 아플 수 있고

그대 보고 싶음에 마음 짓이겨
사랑한다고 사랑한다고 그대 생각 하루 종일
다음 날 그 다음 날도
꿈으로만 사랑할 수 있다면

현실로 와서 자꾸만 울음 같은 현실로 와서
레일 위를 달리듯 그대
지쳐도 끝나지 않은 현실로 와서
어쩌지 못하는 상사만 깊게 하고

흥부가 귀싸대기를

놀부 식당은 많아도 흥부식당은 없다
흥부식당 본 일 있는가
온통 놀부의 거리
놀부 가득 득실댄다
배고픈 흥부 집으로 돌아가고
흥부가 형수에게 가서
흥분데요 했다
밥 푸던 형수가 밥주걱으로 귀싸대기를 때렸다

어느 해병의 죽음

해병이 죽었다
21살 젊은 꽃이 진눈깨비에 묻힌다
대구서 올라온 부모는 아들의 죽음을
고속도로 차량 라디오를 통해 들었다 한다
부모님께 제일 먼저 알리는 것이
성숙한 국가의 예의라고 아나운서가 말한다
아버지 마음이, 이 땅의 사랑하는 조국이 되어—
울먹이고 있다 우는지 모른다

강화도에서 해안 초병을 차로 치어 죽인 괴한은
총기와 수류탄을 빼앗아 달아났다
진돗개 하나가 발령되었다 진눈깨비가 녹는다
얼굴에 먹칠한 군인이 K-1소총을 들고 길목에 배치되었다
통일을 외치던 떠들썩한 목소리는 어디 갔는지
6자 회담, 핵 포기를…… 뉴스가 젖는다

나도 한때 군인 되어 나라를 지켰다
눈보라는 푸른 군복 철모를 덮고, 우리는 눈을 치웠다
눈송이에 묻힌다 죽음이 조용하다
해병 아버지 눈물이 덮이고 있다

어찌하라고 어머니도 저만치 보이지 않는다

올림픽대로의 김밥장수

세상에 홀로 떨어져
풀씨는 떨어져서 도로 옆에도 푸르게 자란다

올림픽대로 반포 지나
한남대교 남단 출구입니다
출구를 찾아서

생수와 김밥 팔고 있는 저 사내
매연 뿜고 달리는 올림픽대로 밀리는 지점 찾아
한 손엔 생수와 김밥 손가락 세 개 펴고 흔들고
먹고 살려고 저 풀씨 저 의욕 저 삶을 꿋꿋한
목숨을 위해 더 나은 출구 앞에 열심히
내 차 지나쳐 버려 아무것도 사지 못했다
지나와도 긍정적으로 생각되어지는
온몸으로 팔고 있는
저 생명 아름답다

압력밥솥 같은

왜 잊지 못하는가
답하라 미인이어서인가
아름다운 거시기 때문인가

찰기 있는 밥 만드는 압력밥솥이
적당히 압을 빼기도 하는 서서히 압이 차는
압력밥솥 같은

감정이 저장되어
압이 찰 동안 기다리는 동안
질 좋은 밥이 되어
배고픔 채워주듯 사랑의 밥이 되고픈
맡겨진 압력밥솥 같은
천금의 무게로 단순 무지로

시선

너의 사랑은
너의 창을 통해 오는 시선으로 확신을 한다
너의 시선은 너와 관련 있는 몇 개 우주를 건너와
빛나는 생명력으로 어깨에 꽂힌다 그리고 말한다 방황은 끝났다고

혼돈은 너에게 보낸 시선을 키운 칠흑 같은 미명의 끝에서
새벽 물고기의 힘 같은 것이었다고 고백한다
너와 함께 휴식을 위해 가자고 언제나 하자고 원한다
어둡고 쓰린 골목길 돌아 사월이 오고 이제
많은 비밀들 모르는 시선 받아 깨어나고 있음을
근질거리는 내용 받쳐 바라보면 이 우주 저 들판 모두에게도
생명보다 아름다운 게 없다는 것을 알린다
햇빛 같은 시선 받아 수많은 화살 보내면 가서 오지 않더라도
꽂힌 자리에 아름다운 뜻 피울 터이니

계곡 이탈한 나와 이웃들 창 향해
별빛이 이 도시만 나가면 흘러서 빛난다는 사실
우리 시선 너의 시선 머무는 근방에서

또 다른 선사의 계곡 넘어갈 때까지
오로라로 오는 확신을 이야기할 것이다

그대에게 간다

이 꽃이
결국은 그대에게 간다
혼자 피고 혼자 져야 할 이것
깨우지 말아야 할 그대에게
제일 먼저 봄날 바람으로
간다
잠자는 계곡 아직 서늘하다

숨겨뒀던 이 꽃
이성의 이만큼 거리 허물며
아니라고 아니라고 하면서
결국은 혼자 그대에게 간다

| 해설 |

혼자 가는 긴 강의 외로움을 아는 이

이승하(시인 · 중앙대 교수)

권도중 시인의 시집을 읽는 독자 여러분께

그대는 지금 권도중 시인의 제2시집을 손에 들고 계십니다. 참 놀라운 일이지요. 1974년 12월호 『현대시학』으로 등단하여 기나긴 세월 겨울잠을 자던 시인이 2008년 1월 1일자로 첫 시집을 열린시학 정형시집 시리즈 55번으로 내더니 몇 달 되지 않은 사이에 제2시집을 준비하고 있으니까요. 이번 시집은 자유시를 모아 낸다고 합니다. 등단 34년 만인데, 몇 달 상간에 2권의 시집을 펴내게 되었으니 놀라울 따름입니다. 등단만 하면 시집을 내고자 애를 쓰는 시인이 많은데 권도중은 30여 년 뜸을 들인 이후 이제 시의 봇물을 터뜨리려나 봅니다. 긴 세월 동안 시단을 떠나 있기는 했지만 시에 대한 갈망의 불씨는 꺼트

리지 않고 지켜왔기 때문에 이렇게 연이어 시집을 낼 수 있는 것이겠지요.

제1시집의 제목이 '네 이름으로 흘러가는 강' 이었던 것으로 기억합니다. 이번에 내는 시집의 제목은 '혼자 가는 긴 강만으로는' 입니다. '강' 은 시인이 가장 큰 애착을 갖고 있는 시어라고 저는 생각합니다. 제목에 「한강의 억새꽃」 「밤 강에 띄우다」 「한강의 나비」 「그 강」 등 강이라는 시어가 들어가는 것이 무려 10편에 이르니 16.7%입니다. 왜 시인에게 강이 이렇게 중요한 의미를 지니게 된 것일까요.

> 그렇게 살아가고 나이를 먹어도
> 연륙교 놓은 섬처럼 마음에 연륙교 하나 놓아두고
> 찾아가고 싶다
> 봄이 오면 물빛 풀리면 바람 새로 불면 비가 오면
> 그대의 영혼
> 성 안에 있던 잡을 수 없던
> 오늘은 어느 구름으로 만날 수 있나
>
> —「강 1」 제4연

시의 화자는 "그렇게 살아가고 나이를 먹어도" 그대에 대한 그리움은 변함이 없기에 "연륙교 놓은 섬처럼 마음에 연륙교 하나 놓아두고" 그대를 찾아가고 싶은 것입니다. 화자는 비록 강 때문에 성 안으로 들어갈 수 없는 처지이기는 하지만 "봄이 오면 물빛 풀리면 바람 새로 불면 비가 오면", "어느 구름으로 만날 수 있나" 하고 가슴에 소망을 품어봅니다. 이 시에서 강은 그대와 나, 즉 타자와 화자 사이에 놓여 있는 방해물입니다. 서구의 신화에서 강은 흔히 '죽음의 강'이지요. 동양에서도 허다한 전설과 설화에서 강은 이승과 저승 사이를 흐르고 있습니다. 그렇기 때문에 시인은 구름이 되어 성벽을 넘어가 그대의 영혼을 만날 것을 꿈꾸고 있습니다. 죽어서라도 말입니다. 서정주 시인이 쓴 「춘향유문」의 한 구절이 문득 생각나는군요.

천 길 땅 밑을 검은 물로 흐르거나
도솔천의 하늘을 구름으로 날더라도
그건 결국 도련님 곁이 아니어요?

권도중 시인은 방해물인 높은 성벽과 깊은 강을 훌쩍 넘어서기 위해 구름으로의 변신을 모색해보는 것인데, 만남이 이루어졌다고 이 시에서는 말을 해주지 않는군요.

닿을 수 없는 갈증 모래 속 젖으며
영산강 구름 위 꿈 하나 죽어 흐르고

우우 대숲 우는 밤 푸른 파도 그리움의 물살 흐르고 흘러
치자꽃 향기 같은 오지 않는

그날의 엽서 같은

못 만나는 이름이 있다

—「영산강 2」 후반부

화자는 "빨강 가방 맨 우체부 아저씨 안타까운 꿈의 나라"를 기다려보지만 영산강 구름 위로 꿈 하나가 죽어 흐르고 있습니다. 꿈이 이루어지지 못한 것입니다. 영산강이 가로막혀 있어 못 만난 것이라 생각해볼 수도 있겠지만 못 만난 아쉬움 때문에 영산강가로 나갔다고 보는 것이 옳지 않을까요. "대숲 우는 밤 푸른 파도 그리움의 물살 흐르고 흘러"갔다는 것은 강가를 거닐며 화자가 설움을 달랬다는 뜻일 터, 강은 화자와 그대를 떼어놓는 훼방꾼이면서 내 서러운 이야기를 들어주는 청자이기도 합니다. 강의 의미는 여기에 그치지 않습니다.

노을이 온다

이제 네 가슴 강江이 되리
강江은 더운 가슴 물고 이동하는데
언덕 너머 강물 위로
그리움 간 데 찾을 수 없어
강심江心에 구름 한 점 안고
깊어지고 있다

노을 끝에서 묻어오는
숨겨둔 강 잠기는 소리

이 그리움
강江을 끼고 오가느니

흐르고 흐르면
언덕 달무리로 떠
한 생각 깊은 피리가 되리

—「강 2」 전문

오랜 기다림이 결실을 맺은 것인가요. 이제 네 가슴이 강이 됩니다. "숨겨둔 강 잠기는 소리"와 함께 "이 그리움/강을 끼고 오가"니, 강은 훼방꾼이 아니라 그대와 화자를 만날 수 있게 한 만남의 광장이 되기도 합니다. "한 생각 깊은 피리가 되리"란 결구를 보니 강은 죽음의 강도 아니요 이별의 강도 아닌, 만남의 강이란 생각이 더욱 굳어집니다. 이런 생각은 아래의 시를 읽어보니 더욱 강한 확신으로 와 닿습니다.

푸른 강물에게 차마 마음 전할 수 없어 물 따라
가다가 가다가 깊어져 잠겨서 차올라
그만 와버렸습니다

내가 익사해버리면
다시는 만날 수 없기 때문입니다
내 죽은 강으로 남기고 싶지 않았습니다
살아서 이렇게 구차히 돌아와야만

깊은 줄 알잖아요

그 강 그냥 있습니다

—「그 강」 제2, 3, 4연

아무리 내 설움이 커도 고조선 시대의 백수광부나 그의 아내처럼 강물에 뛰어들어 죽을 수는 없습니다. 강을 보며, 강과 더불어 하염없이 기다리기만 해야 하는 것이 화자가 해야 할 일입니다. "네가 있어 마음 속 강江은 흐른다"(「영산강 1」)고 했으니, 강의 물살이 흐름을 유지하는 한 시인의 강 노래는 계속될 것입니다. 이제 시집 제목이 된 시를 볼까요.

이 어려운 것 나도 떠내려가고 싶습니다 아득히
혼자 가는 긴 강만으로는
허무의 바다는 달랠 수 없으리

여자의 것은 이별을 잡고 있어야 아름다운가요
여자의 것은 바다에 잠겨야 아름다운가요
아까운 세월 다 보내고 떠나는가요
'사랑' 하면 '천박' 할 것 같아 그렇게도 따스함에게
길이 없어 수십 년 둥둥 큰 북
물속을 떠내려가도 건질 용기 없으니
작아진 가슴에 있는 것은 어디로 보내야 하나요

—「혼자 가는 긴 강만으로는」 후반부

혼자 가는 긴 강만으로는 몇천 겁 허무의 바다를 달랠 수 없다고 하네요. 이때의 강은 외로운 '하나' 입니다. 강이 저 혼자 가게 내버려둘 수 없으니, 배를 띄우던가 강에 발이라도 담가야지요. 강가를 거닐어도 같이 거닐어야 하고 배를 타고 내려가도 같이 내려가야 할 터인데 사람과 사람 사이에 사랑은 좀처럼 이루어지지 않습니다. 사랑하면 천박할 것 같다는 생각을 하는 화자에게 사랑이 쉽게 성사될 리 만무하지요. 시의 마지막 문장은 화자가 자신의 용기 없음을 한탄하는 소리입니다. 사랑을 이루려면 열 번은 찍어야 하고 눈이 완전히 멀어야 하고 목숨을 걸기도 해야 하거늘 우체부를 마냥 기다려서는 뭔 일이 이루어질 수 없습니다. 울음밖에 길이 없어 수십 년 둥둥 큰 북 물속을 떠내려가도 건질 용기가 없으니, 에라 짝사랑을 하는 수밖에 도리가 없지요. 하지만 혼자 가는 긴 강의 외로움을 아는 시인이기에 그 외로움마저도 달갑게 여기며 살아온 것인지도 모르겠습니다. 자, 이제 시인의 사랑노래에 귀를 기울여봅시다.

그리워한다는 것은
너를 향한 욕심이 많기 때문이다
욕심의 구름 물러 설 줄 몰라서
층층이 쌓여만 있네

그리워한다는 것은
너의 진실에 내가 접목接木되고 싶은 것

견디어낸다는 것은

열애하지 못한 채 열애의 입구에서 앓고 있는 것

—「열애」 전반부

제목은 '열애' 이지만 내용은 "열애하지 못한 채 열애의 입구에서 앓고 있는 것"이므로 전형적인 짝사랑입니다. 그대를 향한 욕심은 많지만 기나긴 시간 침묵을 견뎌내는 화자의 용기 없음이 안쓰럽습니다. 시인의 직접적인 체험인지는 알 수 없는데, 첫 사랑도 "인생을 몰라 못 맺은 슬픈 첫 사랑"이었습니다.

이십 수 년 흐르고 다시 만난 댐

잊어야 한다고 잊고 살자고 상처주지 말자고

그러고도 십수 년 아름다운 그대

오는 바람 물결 바닥 알 수 없는 깊이

안부 묻는 가슴 물고 저 흘러가는 구름을

다가오는 아름다운 엽서들을 어이합니까

떠나지 않는 모든 것 허물 되어 연락도 못하나니

이제 아름다운 관계가 될 수 있나요 지혜로 가르 쳐주세요

다함 없는 거리에서 슬픈 사람아

—「첫 사랑」

시의 화자는 첫 사랑의 대상을 십수 년이 지난 어느 날 만나

게 됩니다. 여전히 아름다운 그대를 보고 화자는 "안부 묻는 가슴 물고 저 흘러가는 구름을/다가오는 아름다운 엽서들을 어이 합니까" 하고 탄식합니다. "이제 아름다운 관계가 될 수 있나요 지혜로 가르쳐주세요" 하면서 그대에게 애원도 해보지만 이미 끝난 첫 사랑이 회복될 수는 없습니다. 제1시집에서 2편의 사랑시를 실었던 시인은 이번 시집에서는 3편의 사랑시를 실었네요.

지극하면 눈물난다
꽃은 혼자 피어나지만
사랑하는 마음은 혼자가 아니라서 이리 아프다

꽃은 피어나 보여주고 사랑은 확인하여 완성되는 것
깊은 밤 깊은 계곡 달은 뜨는데
내 마음 아직 짐승 같은 바닥

보고 싶다 그 목소리 그 눈빛마저
혼자 자꾸 피어나지만
사랑하는 마음은 혼자가 아니라서 이리 아프다

—「사랑시 4」 전문

"사랑하는 마음은 혼자가 아니라서 이리 아프다"를 저는 사랑의 대상이 있기는 하되 사랑이 성사되지 못하였기에 아픔을 느끼게 되었다는 말로 이해합니다. 사랑이란 기브 앤 테이크여야 발전을 하게 되는데 이 시를 통해 들려주는 사랑도 일방적인 사랑이어서 아픔만 받고 맙니다. 다른 사랑시도 거의 그렇습니다. 열렬히 사랑했다가 이별의 순간을 맞이하여 느끼게 되는 아픔도 있지만 대개는 짝사랑이기에 몰래 아파하는 그런 사랑입니다. 시인은 "참사랑은 아득하여라"(「사랑시 6」)라고 말하는데, 이 참사랑도 짝사랑이기에 감당할 수 없는 물결에 떠밀려 가는 것이겠지요. 이런 일련의 강 소재 시와 사랑시를 보건대 시인은 아주 고전적인 사랑을 참사랑이라고 생각하고 있는 듯합니다. 금방 뜨거워지고 금방 식는 인스턴트 사랑은 사랑이 아닌 것이지요. "그대는 토속적이어서 그리우면 고향 같은 울음(「사랑시 5」)이라는 구절도 시인의 이성에 대한 그리움과 사랑에 대한 인식을 알 수 있게 합니다. 사랑은 멀리서 그리워하는 것, 하염없이 마음속으로만 좋아하는 것입니다. 사랑에 대해 정의를 내린 시가 있습니다.

사랑은 한없는 포용이라고
아픔 속에서 용서받으라고
사랑을 위해 슬플 수 있다면
그것이 진정 사랑이겠네

—「그대 눈 속」 제3연

권도중 시인은 사랑의 기쁨보다는 사랑의 아픔과 슬픔을 노래하는 시인입니다. 사랑의 속성 중 애욕이나 쾌락도 있건만 시인은 오로지 한없는 포용, 아픔 속의 용서, 사랑을 위한 슬픔의 가치를 추구하고 있습니다. 고전적인 사랑, 혹은 토속적인 사랑에 대한 시인의 믿음은 남녀상열지사를 멀리하게 합니다. 고귀한 사랑, 혹은 순결한 사랑을 꿈꾸는 시인의 마음은 어쩌면 세속의 때가 묻지 않은 산골 총각 같습니다. 하하, 그러고 보니 권 시인은 경북 안동 광연리에서 나 달성군에서 자란 촌사람이네요.

지금까지 제가 읽어본 시는 형이상의 세계를 추구하는 것이었지만 이제부터는 생활의 실감이 느껴지는 일상시를 살펴보도록 하겠습니다. 사실 제목만 보면 「수캐」나 「시선」, 「압력 밥솥 같은」 시는 일상에서의 체험을 기반으로 한 시인 듯하지만 사랑시의 계열에 넣을 수도 있는 작품이지요. 그래요, 권도중 시인의 주특기는 역시 사랑노래입니다. 사랑노래가 아니더라도 자연에 내 감정을 이입하여 엮어나가는 사설이 깊은 울림을 전해주지요. 한강을 노래한 시를 볼까요.

여기 기회의 땅 어쩌다
벽 높고 그림자 긴 서울에 떨어져
증권회사며 의사당 보이는 이곳 올림픽대로 옆
생존의 무심한 과거 부대껴 왔으리
뿌리조차 마르던 한때, 목 잠기는 범람의 시기
허리 꺾이는 태풍의 계절을 스스로 치료하며
제초의 칼날 베이며
달 보고 기도하는 마음도 익혔으리

추운 새 떼 부지런히 일터로 간다
세상에 저절로 되는 것 어디 있느냐
노년을 저렇게 경이로움으로
저 모습 얼마나 깨끗하냐
인간의 마을에도 하얀 머리칼 계절이 오면
이러하라고
억새꽃은 온몸으로 가르쳐준다

—「한강의 억새꽃」 제3, 4연

이런 시는 분명히 현실 영역을 다루고 있지만 자연이 원경으로 펼쳐져 있기에 충분히 공감할 수 있고 시적 완성도도 높습니다. 저는 이 시에서 한강변 억새꽃의 생명력을 충분히 느낄 수 있습니다. 비단 한강변 억새꽃뿐만 아니라 노년의 아름다움에 대해서도 시인은 말해주고 있다고 생각합니다. 저도 사실 입성이 단정한 곱게 늙은 노인이나 세상에 대한 욕심이 없어 보이는 노인을 뵈면 존경심이 우러납니다. 한강변 억새꽃을 보고 시인은 나도 저렇게 늙어가야지, 하고 생각했었나 봅니다.

나비 더 만들자 한 마리만 있어야 된다 시의원은 청사 위에 앉아야 한다 네티즌은 팔당호에 쉬어야 된다 미사리 양수리 자연산 나비 앉은 자갈밭 자갈 속 꽃이 피었다 그 사이 나비 혼자 날아 안개 자욱한 날 전조등 켜 날개는 꿈 빛 발하여 강 더 푸르르고 시민 관광객 집까지 따라가 지친 몸과 마음의 상처 곁에 날개를 접었다 위로의 눈물은 강을 보태고 슬픔처럼 흘렀다 일상의 고된 자전自轉과 자유自由에 대해 물 위를 낮게 날고 싶다 지쳐 있는 일상의 나비 꿈들아

—「한강의 나비」 부분

시인은 꽃이 아닌 나비를 등장시켜 우리네 지친 일상, 다시 말해 지친 몸과 마음의 상처를 치유해줄 방안을 찾고 있습니다. 나비도 시인에게는 그리움의 대상입니다. "그리움은 멀리 있어야 그리움이고 나비는 가까이 있어야 그리움이다 그리움 자체인 나비"라는 시인의 묘사가 힘을 얻는 것은 사람과 자연이 동떨어져 있는 존재가 아니라 자연 속에 사람이 있기 때문이 아니겠습니까.

자, 이런 시를 읽고 있자니 권도중 시인의 앞으로의 행보가 기대됩니다. 시인은 지금껏 못다 이룬 사랑에 대해, 가슴 깊은 곳에 숨겨둔 이야기를 거의 다 한 듯합니다. 이제부터는 자연과 인간이 조화를 이룬 그 어떤 세계에 대한 탐색의 길로 나아가지 않을까요. 막연한 그리움이 아니라 그리움의 속도를 잴 수 있는 경지에 이르렀으니, 어찌 보면 권도중은 이제 비로소 시인의 길을 걸어가고 있다고 생각됩니다. 등단 34년 만에 두 번째 시집을 낸 그의 행보를 저는 여러분과 함께 기대감을 갖고 지켜보도록 하겠습니다.

문학의전당 시인선 52

혼자 가는 긴 강만으로는

초판인쇄 2008년 9월 1일
초판발행 2008년 9월 5일

지 은 이 권도중
펴 낸 이 김충규
펴 낸 곳 문학의전당
출판등록 제387-2003-00048호(2003년 9월 8일)

주 소 121-718 서울특별시 마포구 공덕2동 404번지 풍림VIP텔 202호
전화번호 02-852-1977
팩시밀리 02-852-1978
블 로 그 http://blog.naver.com/mhjd2003
전자우편 mhjd2003@naver.com

I S B N 978-89-91006-93-5 03810